생각을 비우고 마음을 채우는 좋은 습관

하루 한 줄
마음 챙김
필 사 책

생각을 비우고 마음을 채우는 좋은 습관

하루 한 줄
마음 챙김
필 사 책

유태건 펴저

다른
상상

프롤로그

바쁜 하루의 끝, 조용히 내 마음을 돌아보는 시간이 필요할 때가 있습니다. 말없이 나를 응원해 줄 누군가가 간절할 때도 있고, 이유 없이 무너지는 날에는 단 한 문장이 깊은 위로가 되기도 합니다.

이 책은 그런 순간들을 위해 마련한 작은 쉼표입니다. 하루 한 줄, 당신의 마음에 닿을 수 있는 문장을 손으로 따라 쓰며, 흔들리는 삶 속에서 잠시 자신을 다독이는 시간을 선물하고자 합니다.

지친 마음을 쓰다듬는 문장들, 불안 속에서도 나를 붙잡아 주는 말, 사랑과 이별에 대한 잔상, 내면에 고요함을 더해주는 구절들까지. 이 책에 담긴 문장들은 모두 세계 문학과 시, 사유의 깊은 울림 속에서 길어 올린 마음의 조각들입니다.

필사는 단순한 따라 쓰기가 아닙니다. 손끝을 따라 문장을 옮기는 동안, 우리는 조금 더 천천히 읽고, 더 깊이 느끼게 됩니다. 그리고 그 순간, 문장은 단어에서 감정으로, 감정에서 치유로 나아갑니다.

　이 책을 펼친 어느 날, 한 줄의 문장이 당신 마음 어딘가에 닿기를 바랍니다. 다시 사랑하게 될 나를 위하여, 고요한 나를 마주하기 위하여, 삶을 깊이 느끼는 그 하루를 위하여.

　이 책이 당신이 당신을 더 이해하고, 더 사랑하게 되는 작은 시작이 되기를 바랍니다.

목차

CHAPTER 1 ──────── 10
힘든 하루 끝, 조용히 나를 다독이는 시간
지친 마음을 위한 위로 한 줄

CHAPTER 2 ──────── 42
흔들리는 나를 붙드는 한마디
불안 속에서도 나를 지켜주는 따뜻한 말

CHAPTER 3 ──────── 72
내 마음속에 있는 작고 단단한 것들
희망, 사랑, 그리고 아직 꺼지지 않은 꿈들

CHAPTER 4 ──────── 104
다시 사랑하게 될 나를 위하여
스스로에게 보내는 다정한 약속

CHAPTER 5 ──────── 132
선물처럼 다가온 인연들, 이별처럼 남은 고마움들
삶이 남기고 간 것들에 대하여

CHAPTER 6 ──────── 160
나를 이해하게 되는 순간
생각이 깊어질수록 빛나는 나

CHAPTER 7 ──────── 192
혼자인 시간이 나를 깨운다
고요 속에서 마주한 진짜 나

CHAPTER 1

힘든 하루의 끝,
조용히 나를 다독이는 시간

지친 마음을 위한 위로 한 줄

모든 사람은 저마다의 길을 가지고 태어납니다
남의 길을 따라가서는 결코 나를 만날 수 없습니다
우리는 결국 우리가 되어야 할 존재가 되기 위해
고통을 지나오게 됩니다

헤세

마음의 상처는 눈에 보이지 않기에
더 조용히 더 깊숙이 스며듭니다
그때 나는 처음으로
살아 있다는 것의 무게를 느꼈습니다
누구에게도 꺼내지 못할 마음을 품고 살아간다는 것
그건 참으로 슬픈 일입니다
사람의 마음이란
이토록 복잡하고 이토록 애틋한 것이구나
그때 처음 그렇게 느꼈습니다

소세키

이제 나는 더 이상

무엇도 바라지 않습니다

그저 지금 이 순간이

영원히 머물기를 바랄 뿐입니다

눈물이 흐를 때

그건 마음을 조용히 씻어내는 일입니다

사랑은 우리를 아프게 하지만

동시에 우리를 존재하게 만듭니다

그리고 내 마음을

조금이라도 이해해 줄 누군가가 있다는 것

그것만으로도 살아갈 이유가 됩니다

괴테

삶이란 바로 지금 이 순간을
있는 그대로 받아들이는 일입니다
내가 진실로 느끼는 감정만이
나를 존재하게 합니다
죽음을 생각할 때
오히려 삶이 더욱 선명해졌습니다
사람은 누구나
스스로를 이해하는 데 평생이 걸립니다
고독 속에서 나는 비로소 나 자신과 가까워졌습니다
세상은 어쩌면 무의미할지 모르지만
그 무의미 속에서도 우리는 평화를 찾을 수 있습니다

카뮈

정말 중요한 건 눈에 보이지 않아

네가 길들인 존재에 대해서는 끝까지 책임져야 해

사막이 아름다운 건 어딘가에 샘이 숨어 있기 때문이야

네가 그 장미를 소중히 여기는 건

그 장미에게 바친 시간이 있기 때문이지

어른들은 늘 숫자 같은 것만 이야기해

하지만 진짜 중요한 건

눈으로 보는 게 아니라 마음으로 봐야 해

별들이 반짝이는 이유도

그 안에 보이지 않는 꽃이 있기 때문이야

정말로 소중한 건

눈에 잘 안 보여

마음으로 봐야만 알 수 있어

생텍쥐페리

006

고통은 삶의 일부가 아니라 삶 그 자체다
진정한 평온은 외부가 아니라 우리 자신의 내면에서 온다
많은 것을 가지는 것보다 적게 바라는 것이 더 큰 행복을 준다

쇼펜하우어

지금 이 순간을 살아가세요
그것만이 당신이 가진 전부입니다
삶은 당신이 생각하는 것보다 훨씬 단순합니다
누군가의 칭찬이나 비난이 당신을 정의하지 않습니다
마음이 평온하면 어떤 외풍도 당신을 흔들 수 없습니다
운명을 사랑하세요 그것이 곧 지혜입니다
불행은 바깥이 아니라 내 안의 반응에서 비롯됩니다
세상이 아니라 자신을 다스리는 것이 진정한 힘입니다

아우렐리우스

사랑은 모든 두려움을 잊게 해주었습니다
진실은 존재하며, 결코 사라지지 않습니다
기억은 우리가 살아 있다는 것을 보여주는 증거이며
희망은 언제나 사람들 마음속에 남아 있습니다
가장 인간다운 행동은 자신의 내면을 지켜내는 일입니다

오웰

우리는 눈물을 흘리는 것에 대해
결코 부끄러워할 필요가 없습니다
왜냐하면 눈물은 우리의 눈을 가리는 것이 아니라
우리 가슴 위에 단단히 쌓인
지상의 먼지 위에 내려앉는 단비와 같기 때문입니다

디킨스

저의 사랑은 바다처럼 한이 없고
그 깊이 또한 헤아릴 수 없습니다
당신께 드릴수록
저는 오히려 더 많은 사랑을 갖게 됩니다
그 둘은 무한하기 때문입니다

셰익스피어

지친 당신을 보았을 때
저는 아무 말도 하지 않았습니다
꽃이 시들 때 물을 주듯이
저는 당신의 마음 곁에 조용히 머물렀습니다
아무것도 하지 않아도
그것이 사랑일 수 있다는 걸 배웠기 때문입니다
당신이 다시 웃을 수 있을 때까지 저는 그저 그곳에 있었습니다
당신의 곁에서 조용히 빛나는 작은 별이 되어 있었답니다

생텍쥐페리

세상이 당신을 이해하지 못해도
저는 그 침묵을 탓하지 않겠습니다
어쩌면 말보다 더 깊은 위로는
당신이 부서질 듯 흔들릴 때조차도
등을 돌리지 않고 바라보는 눈빛일 테니까요

서머싯 몸

울어도 괜찮아요 제제
나무는 말은 못 하지만
당신이 아플 때면 잎사귀를 흔들며 옆에 있어줄 수 있으니까요
당신의 마음이 다시 웃을 수 있을 때까지
저는 그 자리에 말없이 조용히
아주 작게 당신을 안아드릴게요

바스콘셀루스

당신은 상처 입은 마음을 안고도
품위 있게 서 있으려 애썼죠
말하지 않아도 저는 그 노력을 알고 있었어요
고요한 위로는 어떤 말보다 깊고
지친 영혼은 다정한 침묵에서 다시 살아난다는 걸
우리는 비로소 알게 되었죠

서머싯 몸

당신이 지친 숨을 쉴 때마다

저는 그 숨결 끝에 닿는 작은 따뜻함

하나라도 되어주고 싶었어요

괴물이라 불린 당신에게도

다정함이 어울릴 수 있다는 것을

그 조용한 밤의 침묵 속에서

저는 믿고 있었답니다

메리 셸리

CHAPTER 2

흔들리는 나를
붙드는 한마디

불안 속에서도 나를 지켜주는 따뜻한 말

내 삶은 이제 매 순간이 예전처럼
무의미하지 않을 뿐만 아니라
선이라는 확실한 의미를 지닌다
나는 삶에 그것을 불어넣을 힘이 있다

톨스토이

여우는 어린 왕자에게 이렇게 말했다
너는 너의 꽃을 위해서
그 꽃을 사랑하고 책임져야 한다는 것을 잊지 마
그 꽃을 길들인 것에 대해 언제까지나 책임이 있어
그러니 네가 꽃을 사랑하는 것처럼
네가 길들인 것에 대해 책임을 져야 해

생텍쥐페리

인간은 패배하도록 생겨난 게 아니야
인간은 파멸할 수는 있어도 패배할 수는 없어

헤밍웨이

그는 내면의 소리가 추구하라고 명령하는 것 외에는
아무것도 추구하지 않으려 했고
내면의 소리가 머물라고 한 곳 외에는
어디에도 머물지 않으려 했습니다

헤세

제가 처음에는 당신을 오해하고
불공평하게 평가한 것에 대해 미안하게 생각합니다
이제 저는 당신을 진정으로 이해하고 사랑합니다
제가 느끼는 이 감정이 결코 가볍거나
순간적인 것이 아니라는 걸 알게 되었습니다
당신과 함께라면 어떤 어려움도 이겨낼 수 있을 것 같습니다

오스틴

자신의 고귀한 마음을 그대로 지키고 살아가는 것이 중요하다

세상이 널 힘들게 할 수도 있지만

너는 네 마음을 잃지 말아야 해

내 딸들은 고결하고 훌륭한 사람들이다

내가 말하는 것은 너희들이 어떤 환경에 처해도

그 어떤 어려움이 와도 너희의 본질을 잃지 않길 바란다는 것이다

올콧

우리는 이성의 힘을 통해 감정을 이해하고 조절함으로써
진정한 자유를 얻을 수 있습니다
감정에 의해 지배당하는 삶은 고통과 혼란을 가져오지만
이성에 의해 이끌리는 삶은 평화롭고 자유롭습니다
자신을 이해하고 감정을 통제하려 할 때
우리는 자신에게 진정으로 자유를 부여하는 것입니다

스피노자

당신은 당신 자신이 되어야 합니다
당신의 길을 스스로 찾아가세요
고통이 따르더라도
그것이 당신의 길이 되어야 합니다
다른 이들의 기대에 맞춰 살지 말고
당신이 진정으로 원하는 삶을 사세요
그 길에 피어날 꽃들은
당신의 선택과 결단으로 얻어진 것들이기에
당신은 그것에 자부심을 가질 수 있을 것입니다

니체

사랑은 단순히 마음의 상태가 아닙니다
사랑은 눈이 멀 때 비로소 그 진정한 아름다움을 보게 됩니다
우리는 사랑을 이해하려고 할 때
그 사랑이 진정한 힘을 가진다는 것을 알게 됩니다
그 어떤 시련도 사랑 앞에서는 작아집니다
사랑이 나를 이끌어 가게 할 때
나는 무엇이든 할 수 있을 것입니다

셰익스피어

저의 마음속에서 솟아나오는
모든 것은 생명이 있으며
그것이 당신을 향하고 있다는 것을 느낄 때
나는 존재의 기쁨을 느낍니다

괴테

삶은 우리가 생각하는 것만큼 짧지 않습니다
낭비하지 않는다면
당신의 내면에는 스스로를 바로잡고
다시 일어설 수 있는 힘이 있습니다
그 힘을 되살리는 것은 오직 당신의 의지입니다

아우렐리우스

인생이란 산들바람처럼 가볍고
한 번 지나가면 다시는 돌아오지 않습니다
그렇기에 지금 있는 것들을 소중히 해야 합니다

브론테

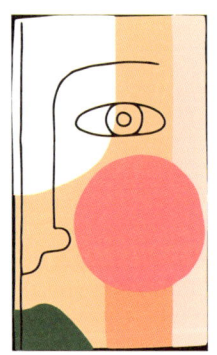

조용히 글을 쓰거나
혼자 있는 시간에 스스로의 생각을 따라 걸어갈 때
세상의 소란은 문밖에 머무릅니다
그때야말로 우리는 자신의 진짜 목소리를 듣게 되고
세상의 기대가 아닌 자기 자신으로 존재하게 됩니다

울프

세상 모든 것은 마음이 원할 때 진심으로 도와줍니다

길을 잃은 것처럼 보일 때조차

우주는 당신을 당신의 운명으로 데려가기 위해

조용히 움직이고 있습니다

그러니 의심하지 마세요

가장 어두운 순간이 빛이 시작되는 자리일 수도 있으니

코엘료

CHAPTER 3

내 마음속에 있는
작고 단단한 것들

희망, 사랑, 그리고 아직 꺼지지 않은 꿈들

당신의 행복을 아세요
당신에게 필요한 것은 인내뿐이에요
아니 그것을 좀 더 매혹적인 이름으로 바꿔 부르자면
희망이라고 부를 수 있어요

오스틴

031

저는 행복이 가진 진정한 비밀을 알게 되었습니다
아저씨 그건 현재를 사는 거예요
어제는 가장 멋진 날이었어요
제가 백 살이 되어도 그날의 작은 디테일까지 잊지 못할 거예요
새벽에 록 윌로우를 떠난 소녀는 저녁에 돌아온
소녀와는 아주 다른 사람이었어요

웹스터

내가 숲으로 간 이유는 내 의지대로 살고 싶어서였다
삶의 본질적인 면들만 마주하려 했고
인생이 가르치는 것을 배울 수 있는지 알려고 했으며
죽음에 이르렀을 때 헛되이 살았다는
사실을 발견하지 않기 위해서였다

소로우

나는 상상하는 것을 좋아해요
상상 속에서 나는 무엇이든 될 수 있어요
나는 내가 원하는 모든 것을 상상할 수 있어요
이제 제 앞에 길모퉁이가 생겼어요
그 모퉁이 너머에 뭐가 있는지 저도 몰라요
하지만 가장 좋은 것이 있다고 믿을 거예요

몽고메리

나는 이제 내가 가진 것에 감사하며
내가 원하는 것에 대한 갈망을 줄이기로 결심했다
내가 가진 것에 만족하며
그것을 통해 기쁨을 찾기로 했다
나는 내 스스로를 도울 수밖에 없다는 것을 깨달았다
신이 나를 이곳에 두신 것은 나를 시험하시려는 것이 아니라
내가 스스로를 구할 수 있는 능력을 주셨기 때문이라고 믿었다

디포

톰은 조금 멈추어 서서 생각했습니다
그동안의 모든 일이 그의 마음에 떠올랐습니다
이 모험이 끝나면
그는 반드시 더 나은 사람이 되어야겠다고 결심했습니다
그는 자신이 겪은 어려움이 무의미한 것이 아니라
자신을 강하게 만들고 있다는 것을 깨달았습니다
이 순간을 지나면 그는 더욱 용감해지고
세상을 다른 눈으로 바라보게 될 것이라고 확신했습니다
비록 그의 앞길은 여전히 험난할지라도
그는 이제 자신이 무엇을 해야 하는지 알게 되었습니다

트웨인

그는 자신이 살아 있다는 사실에 감사하며
이제부터는 다른 사람들에게
친절과 사랑을 베풀겠다고 다짐했습니다
그의 마음은 따뜻해졌고,
그는 크리스마스의 진정한 의미를 깨달았습니다

디킨스

남쪽에 죽어가는 사람이 있다면 가서
두려움을 달래주고
북쪽에 다툼이나 소송이 있다면
의미 없는 일이니 그만두라고 말하고
가뭄이 들면 눈물 흘리고
추운 여름이면 걱정하며 걷고
모두에게 바보라 불려도
칭찬에도 미움에도 휘둘리지 않는
그런 사람이 나는 되고 싶다

겐지

그녀는 그의 사랑이 진정성 있는 것임을 느끼면서도
과거에 자신이 경험한 상처들 때문에
마음속에서 계속 갈등을 일으켰습니다
결국 그녀는 사랑을 믿고 싶지만
동시에 그 사랑이 자신을 억압할까 봐 두려워하며
그 사랑이 자유롭고 평등한 관계로
존재할 수 있을지에 대해 고민했습니다

톨스토이

제가 망원경처럼 접힐 수 있으면 좋겠습니다
처음에 어떻게 접는지만 알면
할 수 있을 것도 같은데 하고 생각했습니다
너무나 많은 말도 안 되는 일들이 일어나고 있는 바람에
앨리스는 점차 불가능한 것이란
거의 없다고 생각하기 시작했습니다

캐럴

모든 일에는 이유가 있다
아무리 힘든 일이라도
그것이 지나고 나면
우리는 비로소 그 이유를 이해할 수 있다
오늘의 고통이 결국 내일의
희망을 위한 디딤돌이 될 것이다

디킨스

모든 외적인 자유는 불완전하며
우리가 스스로를 어떻게 다루느냐에 따라
진정한 자유는 오직 내면에서 얻을 수 있습니다

소로우

사랑이란
끝없는 기다림의 끝에
자신이 기다리던 사람을 만나는 것입니다
때로는 그 기다림 속에서 삶의 의미를 찾을 수 있습니다

도데

세상은 늘 변하고
사람의 마음도 변하기 마련입니다
그러나 변하지 않는 것은 바로 희망과 꿈
그것은 인간이 살아가는 이유이자 존재하는 목적입니다
꿈을 꾸고, 희망을 가지며 살아가는
삶이야말로 진정한 삶이 아닐까요

허균

현실은 그 어떤 이상과도 다르며
인간은 스스로 자주 그 꿈을
현실로 만들어보려 하면서
결국 그 꿈에 의해 지배당하게 된다
희망을 잃지 않으려면
현실을 마주하는 용기가 필요하다

오웰

CHAPTER 4

다시 사랑하게 될
나를 위하여

스스로에게 보내는 다정한 약속

당신은 저를 자동인형이라고 생각하시나요
감정 없는 기계처럼 보이나요
제가 가난하고 이름 없고 평범하고 초라하다고 해서
영혼도 없고 마음도 없다고 생각하시나요
그건 잘못된 생각입니다
저는 당신만큼이나 영혼이 있고 마음도 있습니다
저는 새가 아닙니다
어떤 그물도 저를 가둘 수 없습니다
저는 독립적인 의지를 가진 자유로운 인간입니다

브론테

나는 뭔가 멋진 일을 하고 싶어요
영웅적이거나 놀라운
내가 죽고 나서도 잊히지 않을 그런 일
그게 뭔지는 아직 모르겠지만
계속 눈을 뜨고 기회를 볼 거예요
언젠가 모두를 깜짝 놀라게 해주고 말 거예요

올콧

새는 알에서 나오려고 싸운다
알은 세계이다
태어나려는 자는 하나의 세계를 깨뜨려야 한다
새는 신에게로 날아간다
그 신의 이름은 아브락사스다

헤세

저는 제 생각에 따라 저를 행복하게 하는 길을 따르려 합니다
당신이나 제 인생과 상관없는 사람의 뜻은 중요하지 않습니다
그분이 당신의 말에 흔들려 포기한다면 저는 미련 없이 잊을 것입니다
하지만 그가 자신의 뜻을 이어간다면
당신은 그 간섭을 후회하지 않으셔도 될 것입니다
저는 제 선택을 믿고 스스로를 존중합니다

오스틴

그녀는 자신이 잘못한 일을 이미 알고 있었고
그에 대한 대가는 충분히 치렀다고 믿고 있었습니다
하지만 그 죄와 고통을 자신의 삶 속에서
언제나 지고 가야 할 짐이자
동시에 깊은 교훈으로 받아들이며
그 경험을 통해 더 큰 인내와 이해를 갖게 되었습니다

호손

문득 당신을 떠올리면 저의 처지가

마치 새벽에 일어나는 종달새처럼

어두운 땅을 떠나 하늘의 문에서 찬송을 부르는 것 같습니다

당신의 사랑을 기억하면 그 부유함이 제게 가득 차

그때 저는 왕들과도 제 처지를 바꾸고 싶지 않습니다

셰익스피어

개츠비는 그 자신과 꿈에 대해 항상 강한 믿음을 가졌다

그는 미래에 대해 끝없는 기대감을 품고 있었고

그 어떤 것도 그를 좌절시킬 수 없을 것 같았다

부와 성공을 향한 그의 열망은

사랑과 이상을 실현하려는 끝없는 추구에서 비롯되었다

개츠비는 자신이 꿈꾸는 이상을

반드시 실현할 수 있을 거라 믿었고

그 믿음이 그의 삶을 이끌었다

피츠제럴드

그녀는 자신의 감정을 따르기로 결심했고
그 어떤 어려움도 두려워하지 않겠다고 마음먹었습니다
안나는 이제 더 이상 타인의 시선에 얽매이지 않으며
오직 자신만을 위한 삶을 살기로 했습니다
그녀는 미래에 대한 희망과 기대를 품고
새로운 삶을 향해 나아갔습니다

톨스토이

자신을 사랑하는 것은
자신을 이해하는 것이다
자신을 이해하는 것은
자신을 믿는 것이다
자신을 믿는 것은
자신을 따라가는 것이다

바크

자기 자신을 사랑하는 것은
외부의 평가에 흔들리지 않고
내면의 목소리에 귀 기울이는 것입니다
그럴 때 우리는 진정한 창조성을 발휘할 수 있습니다
나는 나 자신을 믿고
내면의 소리에 따라 살아갈 것입니다

울프

사랑이란 단지 감정만으로
이루어지는 것이 아니다
사랑은 우리가 서로에게 얼마나 신뢰를 두고
서로를 얼마나 이해하려고 노력하는지에 따라
그 깊이가 달라진다
그 어떤 사랑도 쉽게 얻어지는 것이 아니며
그 사랑을 지키고자 하는 의지와 헌신이 있어야 한다

톨스토이

삶의 길은 항상 평탄하지 않지만
그 길 위에서 우리는
더욱 강하고 지혜롭게 성장할 수 있다
나는 내가 걸어온 길을 자랑스럽게 생각하며
앞으로도 나 자신을 믿고 나아갈 것이다

디킨스

그녀의 존재는 나에게 스스로를 사랑하고
더 나은 사람이 되기를 바라는 마음을 일깨워 주었다
나는 이제 그녀와 함께하는 미래를 꿈꾸며
내 삶을 더욱 의미 있게 살아가기로 결심했다

도데

CHAPTER 5

선물처럼 다가온 인연들, 이별처럼 남은 고마움들

삶이 남기고 간 것들에 대하여

그 검은 순간이 끝나면
분노와 광란의 목소리도
사라지고 섞이고 변해가리라
먼저 고통 속의 평화가 되고
그다음 빛이 되고 마지막엔 네 가슴이 되리니
오 내 영혼의 영혼이여 나는 다시 너를 안으리
그리고 나머지는 하나님께 맡기노라

브라우닝

사랑하거나 사랑받았다는 것
그것만으로도 충분하다
더 이상 아무것도 요구하지 말라
삶의 그늘진 주름 속에서 발견할 수 있는 다른 진주는 없다
사랑은 충만함이다

위고

이제 다 끝났어 베키
그리고 앞으로는
너는 나 말고는 아무도 사랑하지 않을 거야
결혼도 나랑만 할 거고, 영원히 말이야 그럴 거지
그래 톰 나도 너만 사랑할 거야
결혼도 너랑만 할 거고
너도 나 말고는 아무도 사랑하지 않을 거지
물론이지 그게 약속의 일부야

트웨인

나는 이제 더 이상 억제할 수 없습니다
내 감정은 억눌릴 수 없습니다
나는 당신에게 내 마음을 고백해야만 합니다
나는 당신을 얼마나 열렬히 존경하고 사랑하는지 말씀드려야만 합니다

오스틴

한동안 나를 잊었다가 다시 떠올리게 되더라도
너무 슬퍼하진 말아요
내가 떠난 어둠과 폐허 속에서도
한때 가졌던 생각의 흔적이 남아 있다면
차라리 당신이 나를 잊고 미소 짓는 게
나를 기억하며 슬퍼하는 것보다 나아요

로세티

나는 그를 사랑했다
그러나 내게는 그를 사랑할 자격이 없다고 생각한다
내가 그의 사랑을 받을 자격이 있다고 믿기 어려웠다
나는 그를 사랑했지만
내가 그의 사랑을 받을 수 없다는 걸 알았다
그는 나를 사랑했지만
내가 가진 과거를 용서할 수 없다는 것을 알았다

하디

사랑은 나무와 같습니다
저절로 자라나 우리 존재 깊숙이 뿌리를 내리고
폐허가 된 마음 위에서도 계속해서 꽃을 피웁니다
설명할 수 없는 사실은
사랑에 눈이 멀수록 더욱 집요하다는 것입니다
그것은 전혀 이성적이지 않을 때 가장 강합니다

위고

나는 당신을 사랑합니다
당신을 내 것으로 부를 수 있으리라는 희망은 없습니다
나는 곧 어떻게 될지 얼마나 가난해질지
어디로 가게 될지 모릅니다
그럼에도 불구하고, 나는 당신을 사랑합니다
처음 이 집에서 당신을 보았을 때부터
당신을 사랑해왔습니다

디킨스

나는 당신을 사랑했어요
하지만 이제는 아니에요
당신은 나를 이해하지 못했고
나도 당신을 이해하지 못했어요
우리는 서로를 알지 못한 채 살아왔어요
이제 나는 나 자신을 찾아야 해요
그래서 당신을 떠나야겠어요

입센

아직 남아 있습니다

불멸이 나에게

세 번째 사건을 드러낼지 볼 일입니다

너무 거대하고 너무 절망적이라 상상할 수 없는

이전에 두 번 일어났던 것처럼

이별은 우리가 아는 천국의 전부이며

우리가 겪어야 할 지옥의 전부입니다

디킨스

우리는 그 사랑이 우리에게
무엇을 가르쳐 주었는지를 돌아보아야 합니다
사랑은 끝났지만 그 사랑이 남긴 교훈은
우리의 삶을 더욱 풍요롭게 만듭니다

브론테

나 보기가 역겨워 가실 때에는
말없이 고이 보내 드리오리다
영변에 약산 진달래꽃
아름따다 가실 길에 뿌리오리다
가시는 길에 뿌리오리다
나 보기가 역겨워 가실 때에는
말없이 고이 보내 드리오리다
영변에 약산 진달래꽃
아름따다 가실 길에 뿌리오리다
가시는 길에 뿌리오리다

김소월

넓은 벌 동쪽 끝으로
옛이야기 지줄대는 실개천이 휘돌아 나가고,
얼룩백이 황소가
해설피 금빛 게으른 울음을 우는 곳,
그곳이 차마 꿈엔들 잊힐리야.

정지용

CHAPTER 6

나를 이해하게 되는 순간

생각이 깊어질수록 빛나는 나

저는 키케로를 이해하기보다는 나 자신을 더 이해하고 싶습니다
나의 경험 안에는 지혜를 얻기에 충분한 자원이 있습니다
과거의 분노와 감정들을 돌아보면 그것의 추함을 깨닫게 됩니다
자신이 겪은 고통과 변화의 계기를 기억하는 사람은
미래를 대비하고 스스로를 더 깊이 이해할 수 있습니다

몽테뉴

나는 나폴레옹이 되고 싶었다
그래서 살인을 저질렀다
하지만 나는 나폴레옹이 아니었다
나는 단지 벌레였다
나는 살인을 감당할 수 없었다
나는 그것을 견딜 수 없었다
나는 그것을 감당할 수 없었다
나는 그것을 견딜 수 없었다

도스토옙스키

존재하는가 존재하지 않는가
그것이 문제로다
정신적으로 겪는 고통을 감내하는 것이 더 고귀한가
세상의 거센 불운과 시련을
아니면 고난이라는 거대한 바다에 맞서 싸우는 것이
그리고 그것을 끝내는 것 즉 죽는 것이 나은가

셰익스피어

074

무엇보다도 자신에게 거짓말하지 마십시오
자신에게 거짓말을 하고
자신의 거짓말을 듣는 사람은
결국 자신 안에서도 주변에서도
진실을 분별하지 못하게 됩니다
그렇게 되면 자신과 타인에 대한
존경심을 잃게 되고 사랑도 사라지게 됩니다

도스토옙스키

당신이 기억할 것이라는 것을 압니다
좋은 것은 결코 끝나지 않는다는 것을
만약 끝난다면
세상에 사람도 어디에도 삶도 없을 것입니다
그리고 세상은 사람들로 가득 차 있고
훌륭한 삶으로 가득 차 있습니다

서머싯 몸

076

우리는 모두 고통 속에 살고 있다
그러나
그 고통 속에서 어떻게 살아갈 것인가는
우리의 선택이다

키르케고르

그는 자기 자신을 되돌아보며
자신이 지금까지 살아온 방식이 틀렸다는 것을 깨달았습니다
그는 평생을 다른 사람들의 기대와 규범에 맞춰 살았고
자신의 내면을 외면한 채 살았다는 사실을 처음으로 자각했습니다
그는 이제 더 이상 무엇을 해야 하는지에 대한 질문을 던지지 않게 되었습니다
대신 내가 진정 원했던 것은 무엇인가에 대한 질문을 던지게 되었습니다

톨스토이

나는 더 이상 내가 누구인지 모르겠다
그러나 나는 이제 내가 누구인지를 찾아야 한다는 것을 알게 되었다
내 안에서 일어나는 변화들이 나를 이끌어가고 있음을 느낀다
내가 누구인지 무엇을 원하는지 알기 위해서는
세상의 기대를 버리고 내면의 목소리를 듣는 것이 중요하다
그때 나는 비로소 자유를 느낄 수 있을 것이다

헤세

가벼움과 무게는 우리의 존재를 결정하는 두 가지 힘이다
가벼움 속에서 나는 자유로울 수 있지만
그것은 결국 내가 아무것도 아닌 존재로 남게 만든다
무게는 나를 구속하지만
그것은 내가 진정 존재한다고 느끼게 한다

쿤데라

이제 저는 진실을 알 수 없습니다
제가 사랑했던 사람을 의심하면서
나의 믿음을 흔들리게 만든 것이
바로 저 자신이었습니다

셰익스피어

그의 지성으로 그것이 숨을 쉰다면
그것은 천재성이고
그의 의지를 통해 나타난다면
그것은 덕이며
그의 애정을 통해 흐른다면
그것은 사랑이다

에머슨

고통은 계절처럼 나눌 수 있는 게 아니야
다만 우린 그 순간들을 기록하고
그 순간들이 다시 돌아오는 것에 대해 이야기할 수 있어
우리에게 시간은 전진하는 게 아니야
순환할 뿐이지

와일드

자기 자신을 알라는 고대의 격언을 믿지 말라
너는 너 자신을 알지 못한다
그저 너 자신을 넘어설 방법을 찾아라

니체

우리가 진정으로 우리 자신을 이해하기 위해서는
자기 자신을 완전히 바꾸어야 한다는 것을 깨닫지 못합니다
그러나 삶은 끝없이 변화하며
그 변화 속에서 자신을 찾아가는 여정입니다

톨스토이

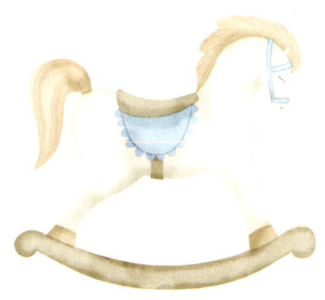

나는 내가 무엇을 원하는지 모른다
내가 자신을 알기 위해서는
내가 나아가야 할 방향을 먼저 설정하고
그 길을 걸어가야 한다

사르트르

CHAPTER 7

혼자인 시간이
나를 깨운다

고요 속에서 마주한 진짜 나

혼자 있을 때
나는 세상에 대해 생각하고
삶의 본질에 대해 묵상한다
사람들이 떠나고 나면
내가 진정으로 원하는 것이 무엇인지 알게 된다
혼자 있는 시간은 나에게 가장 큰 선물이다

소로우

밤은 우리의 정신을 가장 깊은 곳으로 이끕니다
고독 속에서 우리는 우리가 누구인지
무엇을 위해 살아야 하는지에 대해 진지하게 생각하며
인생의 덧없음과 죽음의 불가피성을 인정하면서도
여전히 그 속에서 의미를 찾으려 애씁니다
이 고요함 속에서
우리의 영혼은 더 이상 세상의 소음에 방해받지 않고
진정한 자아와의 만남을 위한 시간을 가지며
그 모든 사유는
결국 우리를 죽음 앞에서의 진실과 마주하게 만듭니다

에드워드 영

나는 숲처럼 침묵하는 시간 속에 앉아
나의 그림자와 대화한다
이름도 없이 흐르는 강물처럼
내 안의 고독도 흘러간다
세상의 소음은 멀어지고
나의 내면에서 오래된 목소리가 들린다
뿌리처럼 깊이 내려가는 생각들
그것들이 나를 다시 지어낸다
혼자일 때 나는 나 자신에게 가장 가까워진다
그리고 그 고요 속에서 나는 인간이 된다

네루다

나는 사람들과 함께 있으면 있을수록

점점 더 고독해지는 자신을 느꼈습니다

웃으며 말하는 얼굴 뒤에 숨어

저는 언제나 공허한 내면을 숨기고 있었습니다

정상이라는 것은 무엇인지 저는 한 번도 이해한 적이 없습니다

그저 허둥지둥 들키지 않기 위해 몸부림쳤습니다

조용한 방에 홀로 앉아 있을 때

저는 제 진짜 얼굴을 처음 마주했습니다

그것은 무섭고 슬픈 얼굴이었습니다

그리고 저는 제가 인간이 아니라는 생각에 사로잡혔습니다

오사무

세상이 등을 돌렸을 때
나는 비로소 나를 보게 되었다
고요한 방 안 침묵은 거울이 되어
잊고 지낸 내 얼굴을 비추었다
모든 것을 잃은 그 순간
나는 나의 진실을 되찾았다

카프카

마음속에서 조용히 울려 퍼지는
어떤 오래된 노래처럼
나의 진심은 말없이 나를 안아주고 괜찮다고
여기까지 잘 왔다고 속삭였다
그리고 나는 알게 되었다
이 세상에서 가장 깊은 노래는 누구도 듣지 않는 밤
나 혼자만이 부를 수 있는 고요한 진실 속에서
시작된다는 것을

하이네

고요한 저녁
세상이 잠잠히 물러나고 나 홀로 남겨진 그 순간
나는 더 이상 외부의 것들에 의지하지 않고
나 자신을 바라보게 되었다
내가 진정 누구인지를 성찰하게 되는 시간
그것이 바로 고독이 내게 준 축복이었다

괴테

093

저는 세상의 어지러운 말보다 더 정확한 진실을 알게 되었습니다
진심은 눈에 보이지 않는다는 것을 그리고 그 진심은
언제나 제 안에 숨어 있었다는 것을 저는 깨달았습니다
고독은 저를 슬프게 했지만
그 슬픔 속에서만 만날 수 있는 제가 있었기에
저는 그 시간에 감사하게 되었습니다

생텍쥐페리

사람들 사이에 있을 땐 몰랐다
내 마음이 얼마나 지쳐 있었는지
모두가 떠난 뒤 찾아온 고요함은 처음엔 낯설었지만
점점 나를 다정히 끌어안기 시작했다
말없이 앉아 있는 시간 속에서
나는 외로움이 아니라 내 마음의 진짜 소리를 듣고 있었다

소세키

고통과 두려움 속에서 저는 저를 돌아보며
제 과거와 마주하고 제 삶의 의미를 되새겼습니다
고독 속에서 저를 찾으려 할 때
비로소 저는 진정한 구속을 받을 수 있다는 것을 알게 되었습니다
그 누구의 도움도 아닌 저만의 길을 걸으며
저는 제 영혼을 정화하고
새로운 빛을 맞이할 준비를 했습니다
이 여정은 저를 고통 속에 밀어넣었지만
그 고통이 저를 가장 깊은 성찰로 인도했습니다

단테

저는 저에게 필요한 것이 외부의 것이 아니라
내면의 평화임을 알게 되었습니다
아무도 저를 알아주지 않아도
스스로를 사랑할 수 있는 방법을 배우게 되었습니다
제가 겪었던 모든 어려움과 갈등 속에서
저는 점점 더 강해지고 진실된 저를 만날 수 있었습니다
그리고 이제 저는 그 고요 속에서
저를 이해하며 앞으로 나아갈 힘을 찾았습니다

올콧

삶이 그대를 속일지라도
슬퍼하거나 노하지 말라
슬픈 날을 참고 견디면
기쁜 날이 오고야 말리니
마음은 미래에 살고
현재는 언제나 슬픈 것
모든 것은 순식간에 지나가고
지나간 것은 또다시 그리움이 되나니

푸시킨

제가 누구를 위해 싸웠고
제가 원하던 것이 무엇인지
이제 그 모든 것이 흐릿해지며
저는 나 자신을 잃어버린 느낌이 들었습니다
그러나 고독은 저를 파괴하지 않았습니다
오히려 제가 남긴 자국을
제가 놓친 기회를 성찰할 수 있는 기회를 주었습니다

오웰

그 고독한 시간을 지나며
나는 나 자신을 이해할 수 있게 되었고,
그 이해 속에서 평화와 화해의 가능성을 찾을 수 있었다
어쩌면 이 모든 싸움은 나를 넘어서는
어떤 목적을 위한 것이었고
나는 그 목적을 완수했는지 여부를 이제야 알게 되었다

헤밍웨이

하루 한 줄
마음 챙김 필사책

초판 발행　2025년 7월 15일

지은이　　유태진
펴낸곳　　다른상상
등록번호　제399-2018-000014호
전화　　　02)3661-5964
팩스　　　02)6008-5964
전자우편　darunsangsang@naver.com
ISBN　　　979-11-93808-33-7 03800

잘못된 책은 바꿔 드립니다.
책값은 뒤표지에 있습니다.

독자 여러분의 책에 관한 아이디어나 원고 투고를 설레는 마음으로 기다리고 있습니다.
이메일로 간단한 개요와 취지, 연락처를 보내주세요. 독자님과 함께하겠습니다.